The Secret Garden of the Moon And Other Bilingual Spanish-English Stories for Kids

Pomme Bilingual

Published by Pomme Bilingual, 2024.

While every precaution has been taken in the preparation of this book, the publisher assumes no responsibility for errors or omissions, or for damages resulting from the use of the information contained herein.

THE SECRET GARDEN OF THE MOON AND OTHER BILINGUAL SPANISH-ENGLISH STORIES FOR KIDS

First edition. August 17, 2024.

Copyright © 2024 Pomme Bilingual.

ISBN: 979-8224065516

Written by Pomme Bilingual.

Table of Contents

La Rana y el Ratón

Había una vez una rana llamada Renato y un ratón llamado Rigo, que vivían en un pequeño pueblo rodeado de verdes colinas y brillantes ríos. Aunque Renato y Rigo eran muy diferentes—Renato era pequeño y verde, y le encantaba saltar, mientras que Rigo era peludo y gris, y prefería caminar con paso ligero—eran los mejores amigos del mundo.

Un día, mientras paseaban por el bosque, Renato vio un camino estrecho que no habían visto antes.

—¿A dónde crees que lleva este camino, Rigo? —preguntó Renato con curiosidad.

—No lo sé, Renato, pero podríamos averiguarlo —respondió Rigo, siempre dispuesto a una nueva aventura.

Así que los dos amigos siguieron el camino que los condujo a un lago que nunca habían visto. El agua era de un azul tan profundo que parecía casi negra, y estaba rodeado de altos árboles que susurraban con el viento.

—Este lugar es muy misterioso —dijo Renato con un susurro—. Nunca he visto un lago tan oscuro.

—Tal vez hay secretos en el agua —respondió Rigo—. Vamos a investigar.

Renato se sumergió en el agua con un gran salto, y Rigo lo siguió nadando despacito, moviendo sus patitas con cuidado. Al principio, todo parecía normal, pero pronto notaron que algo brillante se movía en el fondo del lago.

—¡Mira eso, Renato! —exclamó Rigo, señalando las luces parpadeantes bajo el agua.

—¡Vamos a ver qué es! —respondió Renato, y ambos nadaron hacia el fondo.

Cuando llegaron al lugar donde las luces brillaban, se encontraron con un grupo de pequeños peces que resplandecían como estrellas.

—¡Qué hermosos son! —dijo Rigo, maravillado.

—Sí, parecen estrellas que han caído del cielo —dijo Renato, fascinado.

Mientras observaban a los peces, una corriente suave los llevó hacia una cueva bajo el agua. Dentro, la luz de los peces iluminaba las paredes, revelando dibujos antiguos de ranas y ratones que, al parecer, también habían descubierto este lago mucho tiempo atrás.

—Parece que hemos encontrado un lugar muy especial —dijo Renato, con una sonrisa.

—Sí, y es un lugar que solo nosotros conocemos ahora —dijo Rigo, sintiendo una cálida satisfacción por su descubrimiento.

Pasaron un rato explorando la cueva, maravillándose de los dibujos y jugando con los peces brillantes. Finalmente, cuando el sol comenzaba a ocultarse y el cielo se tornaba de un color naranja brillante, decidieron regresar a casa.

—Este lago será nuestro secreto —dijo Renato mientras salían del agua.

—Nuestro lugar especial, solo para nosotros —añadió Rigo, sonriendo.

Y así, Renato y Rigo volvieron a su pueblo, sabiendo que siempre tendrían un lugar mágico al que escapar cuando quisieran una nueva aventura.

The Frog and the Mouse

Once upon a time, there was a frog named Renato and a mouse named Rigo who lived in a small village surrounded by green hills and sparkling rivers. Although Renato and Rigo were very different—Renato was small and green and loved to jump, while Rigo was furry and gray and preferred to walk with light steps—they were the best of friends in the world.

One day, while walking through the forest, Renato saw a narrow path they had never seen before.

"Where do you think this path leads, Rigo?" Renato asked curiously.

"I don't know, Renato, but we could find out," replied Rigo, always ready for a new adventure.

So the two friends followed the path, which led them to a lake they had never seen. The water was such a deep blue it almost looked black, and it was surrounded by tall trees whispering in the wind.

"This place is very mysterious," Renato whispered. "I've never seen a lake so dark."

"Maybe there are secrets in the water," replied Rigo. "Let's investigate."

Renato dove into the water with a big leap, and Rigo followed, swimming slowly, moving his little paws carefully. At first, everything seemed normal, but soon they noticed something shining moving at the bottom of the lake.

"Look at that, Renato!" Rigo exclaimed, pointing at the flickering lights underwater.

"Let's go see what it is!" replied Renato, and both swam towards the bottom.

When they reached the place where the lights shone, they found a group of small fish that glowed like stars.

"How beautiful they are!" said Rigo, amazed.

"Yes, they look like stars that have fallen from the sky," said Renato, fascinated.

As they watched the fish, a gentle current carried them towards an underwater cave. Inside, the fish's light illuminated the walls, revealing ancient drawings of frogs and mice who had also discovered this lake long ago.

"It seems we've found a very special place," said Renato, smiling.

"Yes, and it's a place only we know about now," said Rigo, feeling a warm satisfaction with their discovery.

They spent some time exploring the cave, marveling at the drawings and playing with the glowing fish. Finally, as the sun began to set and the sky turned a bright orange, they decided to return home.

"This lake will be our secret," said Renato as they left the water.

"Our special place, just for us," added Rigo, smiling.

And so, Renato and Rigo returned to their village, knowing they would always have a magical place to escape to when they wanted a new adventure.

Tomás el Gato y la Cueva del Silencio

En un pequeño pueblo rodeado de montañas, vivía un gato llamado Tomás. Tomás era un gato curioso y aventurero. No había un rincón del pueblo que no hubiera explorado, ni un árbol que no hubiera trepado. Todos en el pueblo lo conocían, y aunque algunos pensaban que era un poco travieso, a todos les caía bien por su espíritu alegre.

Un día, mientras paseaba por el borde del bosque, Tomás descubrió algo inusual. Entre los arbustos y los árboles, había un sendero que nunca antes había notado. Era un camino estrecho y sinuoso, bordeado de flores que brillaban como estrellas bajo la luz del sol.

—¿Qué será este lugar? —se preguntó Tomás mientras olisqueaba el aire, tratando de captar algún aroma familiar.

La curiosidad de Tomás se despertó de inmediato. Decidió seguir el sendero, sabiendo que cualquier nueva aventura podía llevarlo a un descubrimiento emocionante. A medida que avanzaba, notó que el camino se volvía más empinado, y los árboles alrededor eran más altos y densos.

Después de un rato de caminar, Tomás llegó a una entrada oscura en medio de las rocas. Era una cueva, pero no una cueva común. Había algo especial en ella. Desde el interior, no se escuchaba el más mínimo sonido. Era como si la cueva absorbiera todos los ruidos del bosque.

—Qué extraño lugar —murmuró Tomás, intrigado—. Nunca había visto una cueva tan silenciosa.

Sin pensarlo dos veces, Tomás entró en la cueva. Al principio, la oscuridad lo envolvió por completo, pero sus ojos de gato se adaptaron rápidamente. Dentro de la cueva, todo estaba en calma. No había el sonido de sus patas al caminar, ni el eco de su respiración. Era como si el silencio llenara cada rincón de ese misterioso lugar.

Mientras avanzaba más en la cueva, Tomás vio algo que lo dejó boquiabierto. En las paredes, había dibujos antiguos, grabados en la roca. Eran imágenes de animales que él conocía: un ciervo, un búho, una ardilla, y... ¡un gato! Parecía ser una historia contada en imágenes.

Tomás observó detenidamente los dibujos. Parecía que contaban la historia de un grupo de animales que habían descubierto la cueva hace mucho tiempo. Según los grabados, la cueva tenía un poder especial: podía guardar los sonidos más queridos de aquellos que la visitaban.

—Entonces, este es el secreto de la cueva —pensó Tomás—. Aquí es donde los sonidos se esconden.

Intrigado por la idea, Tomás decidió probarlo. Recordó el sonido de las hojas crujientes bajo sus patas en otoño, el canto melodioso de los pájaros al amanecer, y el suave ronroneo que hacía cuando estaba feliz. Cerró los ojos y pensó en esos sonidos tan queridos para él.

De repente, un suave susurro llenó la cueva. No era un susurro cualquiera, era el sonido de las hojas en otoño, el canto de los pájaros y su propio ronroneo, todos combinados en una melodía suave y reconfortante.

—¡Funciona! —exclamó Tomás, aunque su voz no hizo eco en la cueva—. Puedo escuchar mis sonidos favoritos aquí.

Contento con su descubrimiento, Tomás decidió dejar que la cueva guardara esos sonidos para él. Sabía que siempre podría volver y escucharlos cuando quisiera recordar los momentos felices.

Pasó un rato en la cueva, disfrutando de los sonidos, hasta que finalmente decidió que era hora de regresar al pueblo. Mientras caminaba de regreso por el sendero, el sol ya comenzaba a ponerse, tiñendo el cielo de un naranja cálido.

Cuando llegó al pueblo, los otros animales le preguntaron a Tomás dónde había estado todo el día.

—Fui a un lugar especial —dijo Tomás con una sonrisa—. Un lugar donde los sonidos queridos se guardan.

Los animales estaban intrigados, pero Tomás no reveló el secreto de la cueva. Sabía que era un lugar al que podía volver cuando quisiera, y quería que siguiera siendo su escondite especial.

Desde ese día, Tomás visitaba la cueva cada vez que sentía la necesidad de escuchar sus sonidos favoritos. Era su refugio, un lugar donde el tiempo parecía detenerse y los recuerdos se volvían vivos a través de los sonidos.

Y así, Tomás el gato vivió muchas más aventuras, pero siempre guardó en su corazón el secreto de la Cueva del Silencio, un lugar donde los sonidos más queridos siempre estarían esperando para ser escuchados nuevamente.

Tomás the Cat and the Cave of Silence

In a small village surrounded by mountains, there lived a cat named Tomás. Tomás was a curious and adventurous cat. There wasn't a corner of the village he hadn't explored, nor a tree he hadn't climbed. Everyone in the village knew him, and although some thought he was a bit mischievous, everyone liked him for his cheerful spirit.

One day, while strolling along the edge of the forest, Tomás discovered something unusual. Among the bushes and trees, there was a path he had never noticed before. It was a narrow, winding path bordered by flowers that gleamed like stars under the sunlight.

"What could this place be?" Tomás wondered as he sniffed the air, trying to catch a familiar scent.

Tomás's curiosity was immediately piqued. He decided to follow the path, knowing that any new adventure could lead to an exciting discovery. As he walked, he noticed the path became steeper, and the trees around him grew taller and denser.

After a while of walking, Tomás arrived at a dark entrance in the middle of the rocks. It was a cave, but not an ordinary cave. There was something special about it. From within, there wasn't the slightest sound. It was as if the cave absorbed all the noises of the forest.

"What a strange place," Tomás murmured, intrigued. "I've never seen a cave so silent."

Without thinking twice, Tomás entered the cave. At first, darkness enveloped him completely, but his cat eyes quickly adjusted. Inside the cave, everything was calm. There was no sound of his paws walking, nor the echo of his breathing. It was as if silence filled every corner of this mysterious place.

As he ventured further into the cave, Tomás saw something that left him in awe. On the walls were ancient drawings carved into the rock. They were images of animals he knew: a deer, an owl, a squirrel, and... a cat! It seemed to be a story told in pictures.

Tomás carefully observed the drawings. They appeared to tell the story of a group of animals who had discovered the cave a long time ago. According to the carvings, the cave had a special power: it could store the most cherished sounds of those who visited it.

"So, this is the secret of the cave," Tomás thought. "This is where sounds are hidden."

Intrigued by the idea, Tomás decided to try it. He recalled the sound of the crisp leaves under his paws in autumn, the melodious song of birds at dawn, and the soft purring he made when he was happy. He closed his eyes and thought of those sounds he cherished so much.

Suddenly, a gentle whisper filled the cave. It wasn't just any whisper; it was the sound of the leaves in autumn, the birds' song, and his own purring, all combined into a soft and comforting melody.

"It works!" Tomás exclaimed, although his voice didn't echo in the cave. "I can hear my favorite sounds here."

Pleased with his discovery, Tomás decided to let the cave keep those sounds for him. He knew he could always return and listen to them whenever he wanted to remember happy moments.

He spent some time in the cave, enjoying the sounds, until he finally decided it was time to return to the village. As he walked back along the path, the sun was already setting, painting the sky a warm orange.

When he arrived in the village, the other animals asked Tomás where he had been all day.

"I went to a special place," Tomás said with a smile. "A place where cherished sounds are stored."

The animals were intrigued, but Tomás didn't reveal the cave's secret. He knew it was a place he could return to whenever he wanted, and he wanted it to remain his special hideaway.

From that day on, Tomás visited the cave whenever he felt the need to listen to his favorite sounds. It was his refuge, a place where time seemed to stand still and memories came alive through the sounds.

And so, Tomás the cat lived many more adventures, but he always kept in his heart the secret of the Cave of Silence, a place where his most cherished sounds would always be waiting to be heard again.

El Jardín Secreto de la Luna

Había una vez una tortuga llamada Teodoro que vivía en un pequeño y tranquilo bosque al pie de una gran montaña. Teodoro era conocido por ser una tortuga muy sabia y paciente. Pasaba sus días explorando el bosque, recogiendo hojas y observando cómo cambiaba la naturaleza con cada estación.

Teodoro tenía un amigo muy especial, un pequeño pájaro llamado Pip. Pip era alegre y siempre cantaba mientras volaba de rama en rama. A pesar de sus diferencias, Teodoro y Pip eran inseparables. Les encantaba pasar el tiempo juntos, hablando sobre las maravillas del mundo y compartiendo sus sueños.

Una noche, mientras los dos amigos descansaban bajo el cielo estrellado, Pip, con sus brillantes ojos de pájaro, vio algo que lo dejó asombrado.

—¡Mira, Teodoro! —exclamó Pip, señalando hacia la luna—. ¡Hay un jardín en la luna!

Teodoro levantó la vista lentamente, y sus ojos de tortuga se abrieron con asombro. Efectivamente, en la superficie de la luna, podían ver lo que parecía ser un jardín lleno de flores brillantes, árboles altos y arroyos que resplandecían como plata.

—Es hermoso, Pip —dijo Teodoro, maravillado—. Pero, ¿cómo podría ser eso posible?

Pip, lleno de emoción, no podía contenerse.

—¡Tenemos que ir allí, Teodoro! ¡Imagina las aventuras que podríamos tener en un jardín en la luna!

Teodoro sonrió ante el entusiasmo de su amigo, pero era una tortuga práctica.

—¿Cómo llegaremos a la luna, Pip? —preguntó con calma—. Está muy, muy lejos.

Pip se quedó pensativo por un momento, pero su naturaleza optimista pronto le dio una idea.

—¡Tengo una idea, Teodoro! —dijo Pip—. Podemos construir una escalera con las ramas más largas del bosque y escalar hasta la luna.

Aunque Teodoro sabía que la idea era un poco loca, la curiosidad por ver el jardín de la luna fue más fuerte que sus dudas.

—De acuerdo, Pip —dijo Teodoro con una sonrisa—. Intentémoslo.

Durante los siguientes días, Pip y Teodoro trabajaron juntos para recolectar las ramas más largas y resistentes que pudieron encontrar en el bosque. Teodoro, con su fuerza, arrastraba las ramas grandes, y Pip, con su agilidad, las ataba con enredaderas fuertes.

Después de mucho esfuerzo, la escalera estaba lista. Se elevaba hacia el cielo, alta y delgada como una torre.

—¿Estás listo, Teodoro? —preguntó Pip, emocionado.

—Estoy listo, Pip —respondió Teodoro con una sonrisa—. Vamos a ver ese jardín.

Con cuidado, Teodoro comenzó a subir la escalera, un peldaño a la vez. Pip volaba junto a él, asegurándose de que todo estuviera bien. Subieron y subieron, más alto de lo que jamás habían estado. El bosque y la montaña se hicieron pequeños a medida que ascendían hacia las estrellas.

Finalmente, después de lo que parecieron horas, llegaron a la cima de la escalera. Delante de ellos se extendía el jardín más hermoso que jamás hubieran visto. Las flores eran de colores que ningún ojo en la Tierra había visto, y las hojas de los árboles brillaban con una luz plateada. El aire estaba lleno de un aroma dulce y fresco, y el sonido de arroyos y fuentes era como música para sus oídos.

—¡Lo logramos, Teodoro! —exclamó Pip, lleno de alegría—. ¡Estamos en el jardín de la luna!

Teodoro estaba asombrado. Todo en el jardín parecía mágico. Caminó lentamente, disfrutando de cada detalle. Las flores se inclinaban suavemente cuando pasaba, como si lo saludaran, y los árboles parecían susurrar secretos antiguos.

—Es incluso más hermoso de lo que imaginaba —dijo Teodoro—. Es un lugar verdaderamente especial.

Mientras exploraban el jardín, se encontraron con un viejo búho que vivía en un árbol alto y plateado. El búho los miró con ojos sabios y amables.

—Bienvenidos al Jardín Secreto de la Luna —dijo el búho con una voz profunda—. No muchos logran llegar aquí.

Teodoro y Pip saludaron al búho con respeto. Pip, siempre lleno de preguntas, no pudo evitar preguntar:

—Señor Búho, ¿por qué este jardín está en la luna y no en la Tierra?

El búho sonrió, como si esperara esa pregunta.

—Este jardín es especial porque guarda los sueños y deseos de todos los seres del mundo —respondió el búho—. Es un lugar donde las cosas más queridas y secretas crecen y florecen, lejos de la vista y el alcance del mundo cotidiano.

Teodoro, siempre reflexivo, preguntó:

—Entonces, ¿este jardín es un reflejo de lo que llevamos en nuestros corazones?

El búho asintió lentamente.

—Exactamente, Teodoro. Lo que ves aquí son los sueños más profundos y los deseos más sinceros. Cada flor, cada árbol, es parte de un sueño, de un deseo no expresado.

Pip miró a su alrededor, sus ojos brillando de emoción.

—Entonces, ¿eso significa que podríamos encontrar nuestros propios sueños aquí? —preguntó.

El búho asintió de nuevo.

—Sí, Pip. Si buscas bien, encontrarás algo que resuene en lo más profundo de tu corazón.

Con esa idea en mente, Teodoro y Pip continuaron explorando el jardín. Pasaron por arroyos que brillaban bajo la luz de la luna, caminaron bajo arcos de flores que emitían una luz suave y acogedora. Cada rincón del jardín tenía algo especial, algo que hacía que el corazón de Teodoro latiera un poco más rápido y que las plumas de Pip se erizaran de emoción.

Finalmente, llegaron a un claro en el centro del jardín. En el medio del claro, había un árbol alto y majestuoso, con hojas que parecían estar hechas de pura luz de luna. Al pie del árbol, crecía una única flor, pequeña y delicada, pero con un brillo que la hacía destacar entre todo lo demás.

Teodoro se acercó a la flor, sintiendo una extraña familiaridad en ella. Cuando estaba cerca, la flor se abrió un poco más, revelando en su interior un pequeño rayo de luz que se elevó suavemente hacia el cielo.

—Esta es mi flor —dijo Teodoro en voz baja, reconociendo en ella su propio deseo de encontrar un lugar de paz y belleza.

Pip, mientras tanto, había encontrado un pequeño estanque cerca del árbol. El agua del estanque reflejaba las estrellas, y en la superficie, Pip vio una imagen de él mismo volando libremente bajo el cielo, cantando con toda su alegría.

—Este es mi sueño —dijo Pip, con una sonrisa radiante—. Ser libre y feliz, siempre rodeado de la belleza del mundo.

El búho, que los había seguido silenciosamente, habló de nuevo.

—Ahora que han encontrado sus sueños, recuerden que siempre pueden llevar un pedacito de este jardín en sus corazones. No importa dónde estén, el Jardín Secreto de la Luna siempre estará con ustedes.

Teodoro y Pip agradecieron al búho por sus sabias palabras. Sabían que era hora de regresar a la Tierra, pero también sabían que llevaban consigo algo invaluable: el conocimiento de que sus sueños eran reales y que podían florecer, no solo en el jardín de la luna, sino también en su propia vida.

Con una última mirada al hermoso jardín, Teodoro y Pip comenzaron a descender por la escalera. El viaje de regreso fue más rápido, ya que sus corazones estaban llenos de alegría y esperanza. Cuando llegaron al pie de la escalera, el sol comenzaba a salir, llenando el cielo con un suave resplandor dorado.

—¿Sabes, Teodoro? —dijo Pip mientras caminaban de regreso al bosque—. Aunque el jardín en la luna era increíble, creo que también podemos encontrar belleza y sueños aquí en la Tierra.

Teodoro asintió, su viejo corazón lleno de sabiduría.

—Tienes razón, Pip. La belleza está en todas partes, si sabemos dónde buscarla. Y nuestros sueños pueden crecer donde sea que estemos, siempre que los cuidemos con amor y paciencia.

Y así, Teodoro y Pip volvieron a su vida en el bosque, pero algo había cambiado. Cada día, encontraban nuevas maravillas en el mundo que los rodeaba, desde el simple susurro de las hojas hasta el dulce canto de los pájaros al amanecer. Sabían que llevaban consigo un trocito del Jardín Secreto de la Luna, un recordatorio de que los sueños siempre pueden florecer, si los llevamos en el corazón.

The Secret Garden of the Moon

Once upon a time, there was a tortoise named Teodoro who lived in a small, peaceful forest at the foot of a great mountain. Teodoro was known for being a very wise and patient tortoise. He spent his days exploring the forest, collecting leaves, and observing how nature changed with each season.

Teodoro had a very special friend, a little bird named Pip. Pip was cheerful and always sang while flying from branch to branch. Despite their differences, Teodoro and Pip were inseparable. They loved spending time together, talking about the wonders of the world, and sharing their dreams.

One night, as the two friends rested under the starry sky, Pip, with his bright bird eyes, saw something that left him astonished.

"Look, Teodoro!" exclaimed Pip, pointing toward the moon. "There's a garden on the moon!"

Teodoro slowly looked up, and his tortoise eyes widened with wonder. Indeed, on the surface of the moon, they could see what appeared to be a garden full of glowing flowers, tall trees, and streams that shimmered like silver.

"It's beautiful, Pip," Teodoro said, amazed. "But how could that be possible?"

Pip, filled with excitement, could hardly contain himself.

"We have to go there, Teodoro! Imagine the adventures we could have in a garden on the moon!"

Teodoro smiled at his friend's enthusiasm, but he was a practical tortoise.

"How will we get to the moon, Pip?" he asked calmly. "It's very, very far away."

Pip thought for a moment, but his optimistic nature soon gave him an idea.

"I have an idea, Teodoro!" Pip said. "We can build a ladder with the longest branches in the forest and climb to the moon."

Although Teodoro knew the idea was a bit crazy, the curiosity to see the moon's garden was stronger than his doubts.

"All right, Pip," Teodoro said with a smile. "Let's try it."

Over the next few days, Pip and Teodoro worked together to collect the longest and strongest branches they could find in the forest. Teodoro, with his strength, dragged the large branches, and Pip, with his agility, tied them together with sturdy vines.

After much effort, the ladder was ready. It rose into the sky, tall and slender like a tower.

"Are you ready, Teodoro?" Pip asked excitedly.

"I'm ready, Pip," Teodoro replied with a smile. "Let's go see that garden."

Carefully, Teodoro began to climb the ladder, one rung at a time. Pip flew alongside him, making sure everything was all right. They climbed and climbed, higher than they had ever been before. The forest and the mountain grew small as they ascended toward the stars.

Finally, after what seemed like hours, they reached the top of the ladder. Before them stretched the most beautiful garden they had ever seen. The flowers were colors no eye on Earth had ever seen, and the leaves of the trees glowed with a silver light. The air was filled with a sweet, fresh scent, and the sound of streams and fountains was like music to their ears.

"We did it, Teodoro!" Pip exclaimed, full of joy. "We're in the garden of the moon!"

Teodoro was in awe. Everything in the garden seemed magical. He walked slowly, savoring every detail. The flowers gently bowed as he passed, as if greeting him, and the trees seemed to whisper ancient secrets.

"It's even more beautiful than I imagined," Teodoro said. "It's a truly special place."

As they explored the garden, they encountered an old owl who lived in a tall, silver tree. The owl looked at them with wise, kind eyes.

"Welcome to the Secret Garden of the Moon," the owl said in a deep voice. "Not many make it here."

Teodoro and Pip greeted the owl with respect. Pip, always full of questions, couldn't help but ask:

"Mr. Owl, why is this garden on the moon and not on Earth?"

The owl smiled as if he had been expecting that question.

"This garden is special because it holds the dreams and wishes of all the beings in the world," the owl replied. "It's a place where the most cherished and secret things grow and bloom, far from the view and reach of the everyday world."

Teodoro, always thoughtful, asked:

"So, this garden is a reflection of what we carry in our hearts?"

The owl nodded slowly.

"Exactly, Teodoro. What you see here are the deepest dreams and sincerest wishes. Every flower, every tree, is part of a dream, an unspoken wish."

Pip looked around, his eyes shining with excitement.

"Then, does that mean we could find our own dreams here?" he asked.

The owl nodded again.

"Yes, Pip. If you look closely, you'll find something that resonates deep within your heart."

With that thought in mind, Teodoro and Pip continued exploring the garden. They passed by streams that glittered under the moonlight, walked under arches of flowers that emitted a soft, welcoming glow. Every corner of the garden had something special, something that made Teodoro's heart beat a little faster and Pip's feathers ruffle with excitement.

Finally, they arrived at a clearing in the center of the garden. In the middle of the clearing stood a tall, majestic tree with leaves that seemed to be made of pure moonlight. At the base of the tree, a single flower grew, small and delicate, but with a glow that made it stand out among everything else.

Teodoro approached the flower, feeling a strange familiarity with it. As he got closer, the flower opened a bit more, revealing a small beam of light that gently rose toward the sky.

"This is my flower," Teodoro said quietly, recognizing in it his own desire to find a place of peace and beauty.

Pip, meanwhile, had found a small pond near the tree. The water of the pond reflected the stars, and on the surface, Pip saw an image of himself flying freely under the sky, singing with all his joy.

"This is my dream," Pip said, with a radiant smile. "To be free and happy, always surrounded by the beauty of the world."

The owl, who had silently followed them, spoke again.

"Now that you have found your dreams, remember that you can always carry a piece of this garden in your hearts. No matter where you are, the Secret Garden of the Moon will always be with you."

Teodoro and Pip thanked the owl for his wise words. They knew it was time to return to Earth, but they also knew they carried something invaluable: the knowledge that their dreams were real and could bloom, not just in the garden of the moon, but also in their own lives.

With one last look at the beautiful garden, Teodoro and Pip began to descend the ladder. The journey back was faster, as their hearts were filled with joy and hope. When they reached the foot of the ladder, the sun was beginning to rise, filling the sky with a soft golden glow.

"You know, Teodoro?" Pip said as they walked back to the forest. "Even though the garden on the moon was amazing, I think we can also find beauty and dreams here on Earth."

Teodoro nodded, his old heart full of wisdom.

"You're right, Pip. Beauty is everywhere if we know where to look. And our dreams can grow wherever we are, as long as we nurture them with love and patience."

And so, Teodoro and Pip returned to their life in the forest, but something had changed. Every day, they found new wonders in the world around them, from the simple whisper of the leaves to the sweet song of the birds at dawn. They knew they carried a piece of the Secret Garden of the Moon with them, a reminder that dreams can always bloom if we carry them in our hearts.

El Reloj Encantado

En un pequeño pueblo rodeado de montañas y ríos, vivía un ratón llamado Ramón. Ramón era un ratoncito curioso y valiente, siempre dispuesto a descubrir algo nuevo. Su hogar estaba en la vieja casa de una anciana llamada Doña Clara, quien cuidaba con esmero de su jardín y sus flores. Ramón pasaba la mayoría de sus días explorando los rincones de la casa y del jardín, buscando tesoros ocultos y nuevas aventuras.

Una tarde, mientras Ramón recorría los pasillos polvorientos del ático, encontró un objeto extraño cubierto por una manta. Con cuidado, retiró la manta y se encontró cara a cara con un viejo reloj de pie. El reloj era grande, con una esfera dorada y agujas que parecían detenidas en el tiempo. Ramón, intrigado, decidió investigar más de cerca.

—¿Qué es esto? —se preguntó en voz alta—. Nunca antes había visto un reloj como este.

Al tocar el reloj, Ramón sintió una extraña vibración y, para su sorpresa, el reloj comenzó a brillar suavemente. De repente, la puerta del reloj se abrió lentamente, revelando una escalera en espiral que descendía hacia la oscuridad.

Ramón, siempre curioso, no pudo resistir la tentación de explorar. Con precaución, comenzó a bajar por la escalera, que parecía no tener fin. A medida que descendía, la luz del reloj se desvanecía, y Ramón se encontró en la oscuridad total. Pero justo cuando empezaba a sentirse un poco asustado, la escalera terminó, y Ramón se encontró en una gran sala iluminada por velas flotantes.

La sala estaba llena de relojes de todo tipo: de pared, de bolsillo, de arena, todos marcando la misma hora exacta. En el centro de la sala, había una mesa redonda con un pequeño reloj de bolsillo dorado. Ramón se acercó con cautela y notó que el reloj tenía inscripciones en su superficie.

—"Este es el Reloj del Tiempo Verdadero," —leyó Ramón en voz alta—, "quien lo posea, controlará el tiempo."

Ramón no podía creer lo que estaba leyendo. ¿Un reloj que controlaba el tiempo? ¿Podría esto ser real? Decidió probarlo. Con un poco de nerviosismo, giró la corona del reloj hacia atrás, y de inmediato, el tiempo en la sala comenzó a retroceder. Las velas que habían estado a punto de extinguirse se encendieron con fuerza, los relojes en las paredes giraron hacia atrás, y Ramón sintió un leve mareo mientras todo a su alrededor volvía a un momento anterior.

—¡Es increíble! —exclamó Ramón, emocionado—. ¡Puedo viajar en el tiempo!

Pero Ramón, aunque entusiasmado, también era prudente. Sabía que el tiempo era algo poderoso y que no debía jugar con él a la ligera. Decidió que solo usaría el reloj en situaciones importantes.

Con el reloj en la pata, Ramón subió de nuevo por la escalera y regresó al ático de Doña Clara. Aunque estaba cansado, no podía dejar de pensar en todas las cosas que podría hacer con su nuevo descubrimiento. Sin embargo, también sabía que necesitaba tener cuidado.

Al día siguiente, mientras Ramón exploraba el jardín, escuchó a Doña Clara hablando con su vecino, Don Luis.

—La feria vendrá al pueblo mañana —decía Doña Clara—. Pero temo que no tendré tiempo para preparar mi puesto de flores.

Ramón sabía cuánto significaba la feria para Doña Clara. Cada año, ella montaba un puesto en la feria donde vendía las flores más hermosas de su jardín. Sin embargo, este año había estado ocupada cuidando de su jardín y no había tenido tiempo para preparar las flores.

Esa noche, mientras Ramón descansaba en su pequeño nido, pensó en cómo podría ayudar a Doña Clara. Entonces, recordó el Reloj del Tiempo Verdadero. ¡Podría usarlo para darle más tiempo a Doña Clara!

Sin perder tiempo, Ramón corrió al ático y sacó el reloj de su escondite. Decidido, giró la corona hacia adelante, pero solo un poco, para adelantar el tiempo justo lo necesario para que Doña Clara tuviera suficiente tiempo para preparar su puesto de flores sin perderse nada.

Al día siguiente, cuando Ramón salió de su nido, vio a Doña Clara en el jardín, rodeada de flores brillantes y hermosas. El puesto estaba completamente listo, y Doña Clara estaba radiante de felicidad.

—¡Qué bien se ven mis flores este año! —exclamó Doña Clara con alegría—. No sé cómo, pero todo está listo a tiempo.

Ramón sonrió desde su escondite, contento de haber podido ayudar. Pero sabía que tenía que usar el reloj con precaución.

Días después, una gran tormenta azotó el pueblo. El viento y la lluvia amenazaban con destruir el jardín de Doña Clara. Ramón, preocupado, decidió usar el reloj una vez más. Giró la corona hacia atrás para detener la tormenta y proteger el jardín. Y funcionó. El viento se calmó, y la lluvia se convirtió en una suave llovizna que nutrió las flores en lugar de dañarlas.

Sin embargo, algo inesperado sucedió. Con cada uso del reloj, Ramón notaba que los relojes en la casa de Doña Clara se volvían un poco más lentos. El tiempo en la casa parecía estirarse y moverse de manera extraña.

Ramón comenzó a preocuparse. Sabía que el reloj era poderoso, pero también entendía que jugar con el tiempo podía tener consecuencias.

Una noche, mientras Ramón reflexionaba sobre lo sucedido, decidió que ya era suficiente. El reloj había ayudado a Doña Clara y había salvado su jardín, pero Ramón no quería arriesgarse a causar más problemas. Así que, con un corazón pesado pero resuelto, decidió devolver el reloj a la sala secreta en el ático.

Ramón subió por la escalera del reloj una vez más. La sala iluminada por velas flotantes parecía esperar su regreso. Colocó el reloj de bolsillo en la mesa redonda y observó cómo las agujas del reloj se detenían. Los relojes en la pared dejaron de moverse, y la sala quedó en un silencio profundo.

—Gracias por dejarme usar tu poder, pero el tiempo es algo que debe fluir libremente —dijo Ramón en voz baja, como si hablara con el propio reloj.

Al salir del ático, Ramón sintió una extraña sensación de alivio. Había hecho lo correcto. El tiempo, pensó, es algo que no debe ser controlado por nadie.

A partir de ese día, Ramón continuó explorando el jardín y los pasillos de la vieja casa, pero con un nuevo aprecio por el flujo natural del tiempo. Aunque su aventura con el reloj encantado había terminado, Ramón sabía que siempre recordaría las lecciones que había aprendido.

Y así, Ramón vivió feliz, siempre curioso, siempre explorando, pero con un respeto renovado por el tiempo y la vida. A veces, al pasar junto al ático, escuchaba el leve tic-tac de los relojes y sonreía, sabiendo que algunos misterios, como el tiempo, estaban mejor dejados en paz.

The Enchanted Clock

In a small village surrounded by mountains and rivers, there lived a mouse named Ramón. Ramón was a curious and brave little mouse, always ready to discover something new. His home was in the old house of an elderly woman named Doña Clara, who lovingly cared for her garden and flowers. Ramón spent most of his days exploring the nooks and crannies of the house and garden, searching for hidden treasures and new adventures.

One afternoon, while Ramón was wandering through the dusty hallways of the attic, he found a strange object covered by a blanket. Carefully, he pulled the blanket aside and came face to face with an old grandfather clock. The clock was large, with a golden face and hands that seemed frozen in time. Intrigued, Ramón decided to investigate further.

"What is this?" he asked aloud. "I've never seen a clock like this before."

As he touched the clock, Ramón felt a strange vibration, and to his surprise, the clock began to glow softly. Suddenly, the door of the clock slowly opened, revealing a spiral staircase descending into darkness.

Ramón, always curious, couldn't resist the temptation to explore. Cautiously, he began to descend the staircase, which seemed endless. As he descended, the light from the clock faded, and Ramón found himself in total darkness. But just when he started to feel a bit scared, the staircase ended, and Ramón found himself in a large room lit by floating candles.

The room was filled with all kinds of clocks: wall clocks, pocket watches, hourglasses, all marking the same exact time. In the center of the room, there was a round table with a small golden pocket watch. Ramón approached cautiously and noticed that the watch had inscriptions on its surface.

"This is the True Time Clock," Ramón read aloud, "whoever possesses it, will control time."

Ramón couldn't believe what he was reading. A clock that controlled time? Could this be real? He decided to test it. With a bit of nervousness, he turned the crown of the watch backward, and immediately, time in the room began to rewind. The candles

that had been about to extinguish flared back up, the clocks on the walls spun backward, and Ramón felt a slight dizziness as everything around him returned to an earlier moment.

"It's incredible!" exclaimed Ramón excitedly. "I can travel in time!"

But Ramón, though enthusiastic, was also cautious. He knew that time was powerful and that he shouldn't play with it lightly. He decided he would only use the clock in important situations.

With the watch in hand, Ramón climbed back up the stairs and returned to Doña Clara's attic. Though he was tired, he couldn't stop thinking about all the things he could do with his new discovery. However, he also knew he needed to be careful.

The next day, while Ramón was exploring the garden, he overheard Doña Clara talking to her neighbor, Don Luis.

"The fair is coming to town tomorrow," Doña Clara said, "but I'm afraid I won't have time to prepare my flower stand."

Ramón knew how much the fair meant to Doña Clara. Every year, she set up a stand at the fair where she sold the most beautiful flowers from her garden. However, this year she had been busy tending to her garden and hadn't had time to prepare the flowers.

That night, while Ramón was resting in his little nest, he thought about how he could help Doña Clara. Then, he remembered the True Time Clock. He could use it to give Doña Clara more time!

Without wasting any time, Ramón ran to the attic and pulled out the clock from its hiding place. Determined, he turned the crown forward, but only a little, to move time forward just enough so that Doña Clara would have enough time to prepare her flower stand without missing anything.

The next day, when Ramón emerged from his nest, he saw Doña Clara in the garden, surrounded by bright, beautiful flowers. The stand was completely ready, and Doña Clara was beaming with happiness.

"My flowers look so wonderful this year!" exclaimed Doña Clara joyfully. "I don't know how, but everything is ready on time."

Ramón smiled from his hiding spot, pleased to have been able to help. But he knew he had to use the clock carefully.

A few days later, a big storm hit the village. The wind and rain threatened to destroy Doña Clara's garden. Worried, Ramón decided to use the clock once more. He turned the crown backward to stop the storm and protect the garden. And it worked. The wind calmed down, and the rain turned into a gentle drizzle that nourished the flowers instead of harming them.

However, something unexpected happened. With each use of the clock, Ramón noticed that the clocks in Doña Clara's house became a bit slower. Time in the house seemed to stretch and move strangely. Ramón began to worry. He knew the clock was powerful, but he also understood that playing with time could have consequences.

One night, as Ramón reflected on what had happened, he decided that enough was enough. The clock had helped Doña Clara and had saved her garden, but Ramón didn't want to risk causing more problems. So, with a heavy but determined heart, he decided to return the clock to the secret room in the attic.

Ramón climbed the staircase of the clock once more. The room lit by floating candles seemed to be waiting for his return. He placed the pocket watch on the round table and watched as the hands of the clock stopped. The clocks on the walls ceased to move, and the room fell into a deep silence.

"Thank you for letting me use your power, but time is something that should flow freely," Ramón said softly, as if speaking to the clock itself.

As he left the attic, Ramón felt a strange sense of relief. He had done the right thing. Time, he thought, is something that should not be controlled by anyone.

From that day on, Ramón continued to explore the garden and the hallways of the old house, but with a new appreciation for the natural flow of time. Although his adventure with the enchanted clock had ended, Ramón knew he would always remember the lessons he had learned.

And so, Ramón lived happily, always curious, always exploring, but with a renewed respect for time and life. Sometimes, as he passed by the attic, he would hear the faint ticking of the clocks and smile, knowing that some mysteries, like time, were better left alone.

El Misterio de la Casa del Árbol

Había una vez, en un bosque lleno de árboles altos y antiguos, un pequeño conejo llamado Benito. Benito era un conejo curioso y siempre estaba buscando algo nuevo que descubrir. Vivía con su familia en una acogedora madriguera cerca del borde del bosque, pero lo que más le gustaba era explorar el bosque en busca de aventuras.

Un día, mientras Benito caminaba entre los árboles, encontró algo que nunca había visto antes: una casa en lo alto de un árbol. La casa era pequeña, con paredes de madera, ventanas con cortinas azules y un techo hecho de ramas y hojas. Estaba perfectamente camuflada entre las ramas, tanto que Benito se preguntó cómo no la había visto antes.

—¿Quién habrá construido una casa en un árbol? —se preguntó Benito en voz alta.

La curiosidad de Benito era tan grande que decidió investigar. Sin pensarlo dos veces, subió por el tronco del árbol, usando las ramas como escalones. Cuando llegó a la puerta de la casa, notó que estaba entreabierta.

—¡Hola! ¿Hay alguien en casa? —llamó Benito con suavidad.

No hubo respuesta, así que Benito, con cuidado, empujó la puerta y entró. Dentro, la casa era acogedora y cálida. Había una pequeña chimenea encendida, una alfombra suave en el suelo y una mesa con sillas alrededor. En la pared había estantes llenos de libros y frascos de diferentes tamaños, todos etiquetados con nombres misteriosos como "Polvo de Luna" y "Hojas de Sueño".

Benito estaba asombrado. ¿Quién vivía en este lugar tan mágico? Mientras exploraba la casa, sus ojos se posaron en un libro grande y viejo que estaba sobre la mesa. El libro tenía una cubierta de cuero con un título grabado en letras doradas: El Gran Misterio del Bosque.

—¡Un libro sobre un misterio! —exclamó Benito, emocionado.

Sin poder resistir la tentación, Benito abrió el libro y comenzó a leer. Descubrió que el libro hablaba de un antiguo misterio del bosque, un misterio que nadie había podido resolver. Según el libro, en algún lugar del bosque había un árbol especial, un árbol que era diferente a todos los demás. Este árbol, decía el libro, contenía un gran secreto, uno que podría cambiar el bosque para siempre.

El libro continuaba diciendo que solo aquellos con un corazón puro y un espíritu aventurero podrían encontrar el árbol y desvelar su secreto. Benito, con su corazón latiendo rápido de emoción, supo que tenía que intentarlo. Tenía que encontrar ese árbol y descubrir el misterio.

Después de guardar el libro en su pequeña mochila, Benito salió de la casa del árbol y comenzó su búsqueda. Caminó por el bosque, siguiendo las pistas que había leído en el libro. Se adentró en partes del bosque que nunca antes había explorado, pasando por ríos cristalinos, colinas cubiertas de musgo y claros donde los rayos del sol creaban hermosos patrones de luz y sombra.

Pero a pesar de sus esfuerzos, no pudo encontrar el árbol especial. Los días pasaban, y aunque Benito disfrutaba de la aventura, empezaba a sentirse un poco desanimado. ¿Y si el árbol no existía? ¿Y si el misterio no era más que un cuento?

Una tarde, mientras descansaba bajo la sombra de un gran roble, Benito se quedó dormido. Soñó que caminaba por el bosque, pero esta vez no estaba solo. Un zorro apareció a su lado, un zorro de pelaje dorado y ojos brillantes como estrellas.

—Sigue tu corazón, Benito —dijo el zorro en el sueño—. El árbol que buscas no es solo un árbol. Es algo más. Algo que has tenido contigo todo el tiempo.

Benito despertó de su sueño sintiéndose más seguro. Decidió seguir el consejo del zorro y dejar que su corazón lo guiara. Continuó su búsqueda, pero esta vez, en lugar de buscar algo específico, se concentró en disfrutar del viaje. Caminó con los ojos abiertos, no solo buscando el árbol, sino también disfrutando de la belleza del bosque.

Un día, mientras caminaba por un sendero cubierto de hojas doradas, Benito sintió un cambio en el aire. El bosque estaba en silencio, como si estuviera esperando algo. Siguió el sendero hasta que llegó a un claro. En el centro del claro, había un árbol grande y majestuoso, con hojas que brillaban como si estuvieran bañadas por la luz de la luna, aunque era pleno día.

Benito supo de inmediato que este era el árbol que había estado buscando. Se acercó lentamente, con el corazón latiendo con fuerza. A medida que se acercaba, las hojas del árbol comenzaron a susurrar, como si estuvieran hablando entre ellas.

—Bienvenido, Benito —dijo una voz suave y profunda que parecía venir del propio árbol—. Has encontrado el Gran Árbol del Bosque.

Benito estaba asombrado. El árbol estaba vivo, y no solo eso, parecía conocerlo.

—He estado buscando este árbol durante días —dijo Benito, todavía sorprendido—. Pero no entiendo cuál es el misterio.

El árbol se inclinó ligeramente hacia Benito, como si estuviera sonriendo.

—El verdadero misterio no es encontrarme, sino entender lo que represento —dijo el árbol—. Soy un reflejo de tu propio corazón. He estado aquí todo el tiempo, esperando a que te dieras cuenta de que el verdadero secreto del bosque es la conexión que tenemos con él y con nosotros mismos.

Benito pensó en las palabras del árbol. Recordó su sueño, el zorro dorado, y cómo había disfrutado del bosque durante su búsqueda. Entendió que el verdadero tesoro no era el árbol en sí, sino el viaje que había hecho para encontrarlo y todo lo que había aprendido sobre sí mismo y sobre el bosque.

—Gracias, Gran Árbol del Bosque —dijo Benito con una sonrisa—. Ahora entiendo. El misterio no era solo encontrarte, sino también descubrir quién soy.

El árbol susurró suavemente mientras las hojas brillaban aún más.

—Esa es la verdadera magia, Benito. Y ahora que has descubierto el misterio, puedes llevar esta sabiduría contigo, dondequiera que vayas.

Benito se sintió lleno de paz y felicidad. Se despidió del Gran Árbol del Bosque y regresó a su hogar, no con las manos llenas de tesoros materiales, sino con el corazón lleno de nuevas experiencias y lecciones.

Al llegar a su madriguera, Benito fue recibido por su familia con alegría. Les contó todo sobre su aventura, sobre la casa en el árbol, el libro misterioso y el Gran Árbol del Bosque. Su familia lo escuchó con atención, maravillados por las historias de Benito.

Esa noche, mientras Benito se acomodaba en su cama, miró por la ventana hacia el bosque. Sabía que el Gran Árbol del Bosque estaba allí, en algún lugar, y que siempre lo estaría, recordándole que la verdadera magia de la vida no está en lo que encontramos, sino en lo que descubrimos dentro de nosotros mismos.

Desde ese día, Benito siguió explorando el bosque, pero ahora con una nueva perspectiva. Ya no buscaba tesoros escondidos o secretos misteriosos, sino que disfrutaba de cada momento, sabiendo que el verdadero valor estaba en la aventura misma.

Y así, Benito vivió feliz, siempre explorando, siempre aprendiendo, pero con la sabiduría de que el mayor misterio de todos es el que llevamos en nuestros corazones.

The Mystery of the Treehouse

Once upon a time, in a forest full of tall and ancient trees, there lived a little rabbit named Benito. Benito was a curious rabbit, always searching for something new to discover. He lived with his family in a cozy burrow near the edge of the forest, but what he loved most was exploring the woods in search of adventures.

One day, while Benito was walking among the trees, he found something he had never seen before: a house high up in a tree. The house was small, with wooden walls, blue curtains on the windows, and a roof made of branches and leaves. It was so perfectly camouflaged among the branches that Benito wondered how he had never noticed it before.

"Who could have built a house in a tree?" Benito asked aloud.

Benito's curiosity was so great that he decided to investigate. Without a second thought, he climbed up the tree trunk, using the branches as steps. When he reached the door of the house, he noticed it was slightly ajar.

"Hello? Is anyone home?" Benito called out softly.

There was no answer, so Benito, carefully, pushed the door open and entered. Inside, the house was cozy and warm. There was a small fireplace burning, a soft rug on the floor, and a table with chairs around it. On the wall were shelves filled with books and jars of various sizes, all labeled with mysterious names like "Moon Dust" and "Dream Leaves."

Benito was amazed. Who lived in such a magical place? As he explored the house, his eyes fell on a large, old book that was sitting on the table.

The book had a leather cover with a title engraved in gold letters: The Great Mystery of the Forest.

"A book about a mystery!" Benito exclaimed excitedly.

Unable to resist the temptation, Benito opened the book and began to read. He discovered that the book talked about an ancient mystery of the forest, a mystery that no one had been able to solve. According to the book, somewhere in the forest there was a special tree, a tree that was different from all the others. This tree, the book said, contained a great secret, one that could change the forest forever.

The book went on to say that only those with a pure heart and an adventurous spirit could find the tree and uncover its secret. Benito, with his heart beating fast with excitement, knew he had to try. He had to find that tree and discover the mystery.

After placing the book in his small backpack, Benito left the treehouse and began his search. He walked through the forest, following the clues he had read in the book. He ventured into parts of the forest he had never explored before, passing by crystal-clear rivers, moss-covered hills, and clearings where the sunbeams created beautiful patterns of light and shadow.

But despite his efforts, he could not find the special tree. Days passed, and although Benito enjoyed the adventure, he began to feel a bit discouraged. What if the tree didn't exist? What if the mystery was just a tale?

One afternoon, while resting under the shade of a large oak, Benito fell asleep. He dreamed that he was walking through the forest, but this time he wasn't alone. A fox appeared by his side, a fox with golden fur and eyes that shone like stars.

"Follow your heart, Benito," said the fox in the dream. "The tree you seek is not just a tree. It's something more. Something you've had with you all along."

Benito woke up from his dream feeling more confident. He decided to follow the fox's advice and let his heart guide him. He continued his search, but this time, instead of looking for something specific, he focused on enjoying the journey. He walked with his eyes open, not just searching for the tree, but also appreciating the beauty of the forest.

One day, as he walked along a path covered in golden leaves, Benito felt a change in the air. The forest was silent, as if waiting for something. He followed the path until he reached a clearing. In the center of the clearing, there was a large and majestic tree, with leaves that glowed as if bathed in moonlight, even though it was broad daylight.

Benito knew immediately that this was the tree he had been searching for. He approached slowly, his heart pounding. As he got closer, the leaves of the tree began to whisper, as if they were talking to each other.

"Welcome, Benito," said a soft, deep voice that seemed to come from the tree itself. "You have found the Great Tree of the Forest."

Benito was astonished. The tree was alive, and not only that, it seemed to know him.

"I've been searching for this tree for days," said Benito, still surprised. "But I don't understand what the mystery is."

The tree leaned slightly toward Benito, as if it were smiling.

"The real mystery is not finding me, but understanding what I represent," said the tree. "I am a reflection of your own heart. I have been here all along, waiting for you to realize that the true secret of the forest is the connection we have with it and with ourselves."

Benito thought about the tree's words. He remembered his dream, the golden fox, and how he had enjoyed the forest during his search. He understood that the real treasure wasn't the tree itself, but the journey he had taken to find it and everything he had learned about himself and the forest.

"Thank you, Great Tree of the Forest," said Benito with a smile. "Now I understand. The mystery wasn't just finding you, but also discovering who I am."

The tree whispered softly as the leaves glowed even brighter.

"That is the true magic, Benito. And now that you have discovered the mystery, you can carry this wisdom with you, wherever you go."

Benito felt filled with peace and happiness. He bid farewell to the Great Tree of the Forest and returned home, not with hands full of material treasures, but with a heart full of new experiences and lessons.

When he reached his burrow, Benito was greeted by his family with joy. He told them all about his adventure, about the treehouse, the mysterious book, and the Great Tree of the Forest. His family listened attentively, amazed by Benito's stories.

That night, as Benito settled into bed, he looked out the window toward the forest. He knew that the Great Tree of the Forest was out there, somewhere, and that it always would be, reminding him that the true magic of life isn't in what we find, but in what we discover within ourselves.

From that day on, Benito continued exploring the forest, but now with a new perspective. He no longer sought hidden treasures or mysterious secrets but enjoyed each moment, knowing that the real value lay in the adventure itself.

And so, Benito lived happily, always exploring, always learning, but with the wisdom that the greatest mystery of all is the one we carry in our hearts.

43

El Sombrero Encantado

Había una vez, en un pequeño pueblo rodeado de colinas verdes y campos dorados, un niño llamado Tomás. Tomás era un niño alegre y lleno de imaginación. Pasaba sus días explorando los alrededores del pueblo, soñando con aventuras fantásticas y creando historias en su mente.

Un día, mientras caminaba por el mercado del pueblo con su abuela, Tomás vio algo que llamó su atención. En un puesto lleno de objetos antiguos y curiosos, había un sombrero viejo, de ala ancha y color marrón. El sombrero tenía una pluma azul en un costado que parecía brillar bajo la luz del sol.

—¡Qué sombrero tan interesante! —dijo Tomás, deteniéndose frente al puesto.

—Es un sombrero muy especial —dijo el anciano que atendía el puesto, con una sonrisa misteriosa—. Se dice que es un sombrero encantado.

—¿Encantado? —preguntó Tomás, con los ojos muy abiertos—. ¿Qué tipo de encantamiento tiene?

—Ah, eso es algo que solo descubrirás si lo usas —respondió el anciano, guiñándole un ojo.

Tomás miró a su abuela, esperando su respuesta.

—Bueno, Tomás, si te gusta, podemos comprarlo —dijo su abuela, viendo el entusiasmo en los ojos de su nieto.

Así que Tomás y su abuela compraron el sombrero. El anciano les dio una advertencia antes de que se fueran:

—Recuerda, muchacho, este sombrero puede llevarte a lugares inesperados. Úsalo con cuidado y siempre escucha a tu corazón.

Tomás asintió emocionado y, apenas salieron del mercado, se puso el sombrero. Al principio, no sucedió nada fuera de lo común. El sombrero era cómodo y le quedaba bien, pero no parecía haber ningún tipo de magia en él.

Sin embargo, esa noche, cuando Tomás se preparaba para dormir, decidió ponerse el sombrero una vez más. Apenas lo hizo, sintió un cosquilleo en su cabeza y, antes de que pudiera reaccionar, ¡el sombrero comenzó a brillar! Una luz suave envolvió la habitación, y Tomás sintió que algo increíble estaba por suceder.

De repente, Tomás ya no estaba en su habitación. Se encontraba en un lugar completamente diferente, un bosque lleno de árboles altos y flores de colores brillantes. El aire olía a frescura, y se oía el canto de pájaros exóticos en la distancia.

—¿Dónde estoy? —se preguntó Tomás en voz alta, mirando a su alrededor con asombro.

Justo en ese momento, apareció ante él un pequeño ser, como un duende, con orejas puntiagudas y una sonrisa traviesa.

—¡Bienvenido, Tomás! —dijo el duende, saltando alegremente—. Has llegado al Bosque de las Maravillas. Soy Rufino, y estaré encantado de guiarte en tu aventura.

—¿Bosque de las Maravillas? —repitió Tomás, impresionado—. ¿Cómo llegué aquí?

—Es el sombrero encantado, por supuesto —dijo Rufino—. Este sombrero te lleva a lugares donde la magia es real y las aventuras nunca terminan.

Tomás estaba emocionado. ¡Siempre había soñado con tener una verdadera aventura! Así que, sin dudarlo, siguió a Rufino por el bosque. Caminaron por senderos cubiertos de flores que brillaban en la oscuridad, cruzaron puentes de madera sobre ríos de agua cristalina, y pasaron junto a árboles gigantes cuyos troncos estaban decorados con luces que parecían estrellas.

Mientras caminaban, Rufino le contó a Tomás sobre el Bosque de las Maravillas. Era un lugar lleno de criaturas mágicas y secretos antiguos. Había hadas que vivían en los árboles, dragones que volaban sobre las montañas y un sinfín de misterios esperando ser descubiertos.

—Pero ten cuidado, Tomás —advirtió Rufino—. No todo en el bosque es amistoso. Hay rincones oscuros donde habitan seres que no querrás encontrar. Siempre debes estar alerta y seguir tu instinto.

Tomás asintió, sintiendo una mezcla de emoción y precaución. Continuaron su camino hasta que llegaron a un claro donde se encontraba una gran piedra en el centro. La piedra tenía grabados antiguos que brillaban con una luz dorada.

—Este es el Reloj de la Luna —explicó Rufino—. Es uno de los objetos más antiguos y poderosos del bosque. Se dice que quien lo active, podrá detener el tiempo por un breve momento.

—¡Eso suena increíble! —exclamó Tomás.

—Pero hay un problema —continuó Rufino—. Para activar el Reloj de la Luna, necesitas la Llave de las Estrellas, y esa llave está guardada por el Guardián del Lago Oscuro.

Tomás sintió un escalofrío al oír el nombre del Guardián, pero su deseo de vivir una verdadera aventura era más fuerte que su miedo.

—Entonces, ¿dónde está el Lago Oscuro? —preguntó Tomás, decidido.

—Está al norte del bosque, más allá de las colinas de niebla —respondió Rufino—. Será un viaje largo y peligroso, pero sé que puedes hacerlo, Tomás. Tienes el sombrero encantado, y eso te da una ventaja.

Tomás se ajustó el sombrero y, lleno de determinación, comenzó su viaje hacia el norte, acompañado por Rufino. Caminaron durante horas, atravesando colinas cubiertas de niebla que parecía que se podía tocar, y evitando los lugares más oscuros y peligrosos del bosque, tal como Rufino había aconsejado.

Finalmente, llegaron al borde del Lago Oscuro. El lago era tan negro como la noche, y su superficie era tan tranquila que parecía un espejo. Al otro lado del lago, Tomás pudo ver una pequeña isla, y en la isla, un gran cofre de oro.

—Ahí está la Llave de las Estrellas —dijo Rufino, señalando el cofre—. Pero cuidado, el Guardián del Lago Oscuro no permitirá que la tomes sin luchar.

Tomás sintió su corazón latir con fuerza mientras se acercaba al lago. Justo cuando estaba a punto de entrar al agua, el lago comenzó a agitarse, y de sus profundidades surgió una criatura gigantesca. El Guardián era un ser enorme, con escamas brillantes y ojos que resplandecían como brasas.

—¡Quién osa perturbar mi lago! —rugió el Guardián, su voz resonando como un trueno.

Tomás tragó saliva, pero no retrocedió. Sabía que para completar su aventura, tenía que enfrentarse al Guardián.

—Soy Tomás, y necesito la Llave de las Estrellas —dijo con valentía.

El Guardián lo miró fijamente, como si estuviera evaluando su valor.

—Muchos han intentado antes que tú, pero todos han fallado —dijo el Guardián, bajando la cabeza hacia Tomás—. ¿Por qué debería darte la llave?

Tomás pensó por un momento. Sabía que no podría vencer al Guardián con fuerza, pero tal vez había otra manera.

—No busco la llave por codicia ni por poder —dijo Tomás—. La necesito para detener el tiempo por un momento, para ayudar a las criaturas del bosque a protegerse de un gran peligro.

El Guardián pareció considerar las palabras de Tomás. Después de un largo silencio, finalmente habló.

—Veo que tu corazón es puro, y tus intenciones son nobles —dijo el Guardián—. Te daré la llave, pero recuerda, el tiempo es un poder que no debe tomarse a la ligera.

Con esas palabras, el Guardián del Lago Oscuro se sumergió en las aguas y, un momento después, emergió con la Llave de las Estrellas, que brillaba con una luz plateada.

Tomás tomó la llave con gratitud y, junto a Rufino, regresó al Reloj de la Luna. Al llegar, insertó la llave en la ranura de la piedra, y el reloj comenzó a brillar intensamente. De repente, todo a su alrededor se detuvo. El viento dejó de soplar, las hojas quedaron suspendidas en el aire, y el mundo entero pareció congelarse en el tiempo.

Tomás sabía que solo tenía unos segundos, así que cerró los ojos y pensó en lo que debía hacer. Recordó las palabras del Guardián: el tiempo es un poder que no debe tomarse a la ligera.

Con el corazón lleno de esperanza, usó el poder del Reloj de la Luna para proteger el Bosque de las Maravillas de cualquier mal que pudiera acechar. Quería que todas las criaturas mágicas vivieran en paz y armonía, sin temor a los peligros que acechaban en las sombras.

Cuando el tiempo volvió a fluir, el Reloj de la Luna dejó de brillar, y la llave se disolvió en el aire, cumpliendo su propósito. Rufino miró a Tomás con admiración.

—Has hecho algo muy noble, Tomás —dijo Rufino—. El bosque estará seguro gracias a ti.

Tomás sonrió, sintiendo una profunda satisfacción. Sabía que había hecho lo correcto.

—Creo que es hora de volver a casa —dijo Tomás, mirando el sombrero encantado.

Rufino asintió y lo llevó de regreso al lugar donde había aparecido por primera vez. Tomás se despidió de Rufino y de todo lo que había conocido en el Bosque de las Maravillas.

—Gracias por todo, Rufino. Nunca olvidaré esta aventura —dijo Tomás.

—Ni nosotros te olvidaremos, Tomás. Recuerda, siempre eres bienvenido en el Bosque de las Maravillas —respondió Rufino con una sonrisa.

Tomás se puso el sombrero una vez más y, al instante, se encontró de vuelta en su habitación. El sombrero dejó de brillar, volviendo a ser un sombrero viejo y normal.

Tomás se quitó el sombrero y lo colocó con cuidado en su estante. Se sintió diferente, más valiente y más sabio que antes.

A la mañana siguiente, Tomás salió de su habitación con una sonrisa en los labios. Cuando su abuela le preguntó qué había soñado, él solo respondió:

—Tuve una gran aventura, abuela. Pero es un secreto, entre el sombrero y yo.

Y así, Tomás siguió viviendo su vida en el pequeño pueblo, pero con un corazón lleno de magia y recuerdos inolvidables. Sabía que, cuando lo necesitara, el sombrero encantado siempre estaría ahí, listo para llevarlo a una nueva y maravillosa aventura.

The Enchanted Hat

Once upon a time, in a small village surrounded by green hills and golden fields, there was a boy named Tomás. Tomás was a cheerful and imaginative child. He spent his days exploring the village's surroundings, dreaming of fantastic adventures, and creating stories in his mind.

One day, while walking through the village market with his grandmother, Tomás saw something that caught his attention. In a stall full of old and curious objects, there was an old hat, wide-brimmed and brown. The hat had a blue feather on one side that seemed to shine in the sunlight.

"What an interesting hat!" said Tomás, stopping in front of the stall.

"It's a very special hat," said the old man running the stall, with a mysterious smile. "They say it's an enchanted hat."

"Enchanted?" asked Tomás, his eyes wide open. "What kind of enchantment does it have?"

"Ah, that's something you'll only discover if you wear it," replied the old man, winking.

Tomás looked at his grandmother, hoping for her response.

"Well, Tomás, if you like it, we can buy it," said his grandmother, seeing the excitement in her grandson's eyes.

So, Tomás and his grandmother bought the hat. The old man gave them a warning before they left:

"Remember, boy, this hat can take you to unexpected places. Wear it carefully and always listen to your heart."

Tomás nodded excitedly, and as soon as they left the market, he put on the hat. At first, nothing unusual happened. The hat was comfortable and fit him well, but there didn't seem to be any magic in it.

However, that night, when Tomás was getting ready for bed, he decided to put the hat on once more. As soon as he did, he felt a tingling sensation on his head, and before he could react, the hat began to glow! A soft light enveloped the room, and Tomás felt that something incredible was about to happen.

Suddenly, Tomás was no longer in his room. He found himself in a completely different place, a forest full of tall trees and brightly colored flowers. The air smelled fresh, and the song of exotic birds could be heard in the distance.

"Where am I?" Tomás asked aloud, looking around in amazement.

Just then, a small creature appeared before him, like a goblin, with pointy ears and a mischievous smile.

"Welcome, Tomás!" said the goblin, jumping joyfully. "You've arrived in the Forest of Wonders. I'm Rufino, and I'll be delighted to guide you on your adventure."

"Forest of Wonders?" repeated Tomás, impressed. "How did I get here?"

"It's the enchanted hat, of course," said Rufino. "This hat takes you to places where magic is real and adventures never end."

Tomás was thrilled. He had always dreamed of having a real adventure! So, without hesitation, he followed Rufino through the forest. They walked along paths covered with flowers that glowed in the dark, crossed wooden bridges over crystal-clear rivers, and passed by giant trees whose trunks were decorated with lights that looked like stars.

As they walked, Rufino told Tomás about the Forest of Wonders. It was a place full of magical creatures and ancient secrets. There were fairies living in the trees, dragons flying over the mountains, and countless mysteries waiting to be discovered.

"But be careful, Tomás," Rufino warned. "Not everything in the forest is friendly. There are dark corners where beings dwell that you don't want to meet. Always stay alert and follow your instinct."

Tomás nodded, feeling a mix of excitement and caution. They continued their journey until they reached a clearing where there was a large stone in the center. The stone had ancient carvings that glowed with a golden light.

"This is the Moon Clock," explained Rufino. "It's one of the oldest and most powerful objects in the forest. It's said that whoever activates it can stop time for a brief moment."

"That sounds amazing!" exclaimed Tomás.

"But there's a problem," Rufino continued. "To activate the Moon Clock, you need the Star Key, and that key is guarded by the Guardian of the Dark Lake."

Tomás felt a shiver at the mention of the Guardian's name, but his desire for a real adventure was stronger than his fear.

"So, where is the Dark Lake?" asked Tomás, determined.

"It's north of the forest, beyond the foggy hills," replied Rufino. "It will be a long and dangerous journey, but I know you can do it, Tomás. You have the enchanted hat, and that gives you an advantage."

Tomás adjusted the hat and, full of determination, began his journey north, accompanied by Rufino. They walked for hours, crossing hills covered in mist that seemed tangible, and avoiding the darkest and most dangerous places in the forest, just as Rufino had advised.

Finally, they reached the edge of the Dark Lake. The lake was as black as night, and its surface was so calm that it looked like a mirror. On the other side of the lake, Tomás could see a small island, and on the island, a large golden chest.

"There's the Star Key," said Rufino, pointing to the chest. "But be careful, the Guardian of the Dark Lake won't let you take it without a fight."

Tomás felt his heart race as he approached the lake. Just as he was about to step into the water, the lake began to stir, and from its depths emerged a gigantic creature. The Guardian was a huge being, with shiny scales and eyes that glowed like embers.

"Who dares to disturb my lake!" roared the Guardian, his voice booming like thunder.

Tomás swallowed hard, but he didn't back down. He knew that to complete his adventure, he had to face the Guardian.

"I'm Tomás, and I need the Star Key," he said bravely.

The Guardian looked at him intently, as if assessing his courage.

"Many have tried before you, but all have failed," said the Guardian, lowering his head toward Tomás. "Why should I give you the key?"

Tomás thought for a moment. He knew he couldn't defeat the Guardian with strength, but maybe there was another way.

"I don't seek the key out of greed or power," said Tomás. "I need it to stop time for a moment, to help the creatures of the forest protect themselves from great danger."

The Guardian seemed to consider Tomás' words. After a long silence, he finally spoke.

"I see that your heart is pure, and your intentions are noble," said the Guardian. "I will give you the key, but remember, time is a power not to be taken lightly."

With those words, the Guardian of the Dark Lake submerged into the waters, and a moment later, emerged with the Star Key, which shone with a silvery light.

Tomás took the key with gratitude, and along with Rufino, returned to the Moon Clock. Upon arrival, he inserted the key into the stone's slot, and the clock began to glow intensely. Suddenly, everything around him stopped. The wind ceased blowing, the leaves were suspended in the air, and the whole world seemed frozen in time.

Tomás knew he only had a few seconds, so he closed his eyes and thought about what he needed to do. He remembered the Guardian's words: time is a power not to be taken lightly.

With his heart full of hope, he used the power of the Moon Clock to protect the Forest of Wonders from any evil that might lurk. He wanted all the magical creatures to live in peace and harmony, without fear of the dangers that lurked in the shadows.

When time resumed, the Moon Clock stopped glowing, and the key dissolved into the air, having fulfilled its purpose. Rufino looked at Tomás with admiration.

"You've done something very noble, Tomás," said Rufino. "The forest will be safe thanks to you."

Tomás smiled, feeling deep satisfaction. He knew he had done the right thing.

"I think it's time to go home," Tomás said, looking at the enchanted hat.

Rufino nodded and took him back to the place where he had first appeared. Tomás said goodbye to Rufino and everything he had encountered in the Forest of Wonders.

"Thank you for everything, Rufino. I'll never forget this adventure," said Tomás.

"Nor will we forget you, Tomás. Remember, you're always welcome in the Forest of Wonders," replied Rufino with a smile.

Tomás put on the hat once more, and instantly, he found himself back in his room. The hat stopped glowing, returning to being an old, ordinary hat.

Tomás took off the hat and placed it carefully on his shelf. He felt different, braver, and wiser than before.

The next morning, Tomás left his room with a smile on his face. When his grandmother asked what he had dreamed, he simply replied:

"I had a great adventure, Grandma. But it's a secret, just between the hat and me."

And so, Tomás continued living his life in the small village, but with a heart full of magic and unforgettable memories. He knew that whenever he needed it, the enchanted hat would always be there, ready to take him on a new and wonderful adventure.

El Pequeño Dragón de la Cueva de Cristal

En un rincón tranquilo de un bosque encantado, había una pequeña cueva de cristal que resplandecía bajo la luz del sol. Dentro de la cueva vivía un pequeño dragón llamado Dimi. Dimi no era como los otros dragones; era diminuto, con escamas de colores brillantes que parecían piedras preciosas.

Dimi pasaba sus días explorando la cueva y jugando con los rayos de sol que atravesaban los cristales. Aunque la cueva era hermosa, Dimi a veces se sentía un poco solo. Soñaba con volar más allá del bosque y ver el mundo fuera de su cueva. Pero cada vez que intentaba volar, sus pequeñas alas no eran lo suficientemente fuertes para levantarlo muy alto.

Un día, mientras jugaba con una piedra que reflejaba la luz del sol, Dimi escuchó un extraño ruido proveniente del exterior. Se asomó por la entrada de la cueva y vio a un grupo de animales del bosque reunidos alrededor de una gran roca. Parecían preocupados y hablaban en susurros.

"¿Qué está pasando?" se preguntó Dimi, volando lentamente hacia ellos.

"¡Ayuda! ¡Ayuda!" gritó una pequeña ardilla. "Un gran tronco ha caído sobre el camino que lleva al estanque. ¡No podemos ir a buscar agua!"

Dimi vio el gran tronco bloqueando el camino y entendió el problema. Aunque era pequeño, no quería que los animales del bosque pasaran sed. Así que decidió que haría todo lo posible para ayudar.

—No se preocupen —dijo Dimi con valentía—. ¡Yo puedo ayudar!

Los animales se miraron sorprendidos. Nunca habían visto a un dragón tan pequeño intentar algo tan grande.

—¿Pero cómo puedes mover ese tronco? —preguntó un ciervo con escepticismo.

—Tengo un plan —dijo Dimi—. Seguirme y verán.

Dimi voló de vuelta a su cueva y salió con una cuerda mágica hecha de hilos de cristal. La cuerda era muy especial; podía estirarse y hacerse más fuerte cuando se usaba con buena intención. Dimi amarró la cuerda alrededor del tronco y pidió ayuda a los animales del bosque.

Juntos, hicieron un gran esfuerzo para arrastrar el tronco. Aunque el tronco era grande y pesado, la cuerda mágica ayudaba a que fuera más fácil moverlo. Después de mucho esfuerzo, lograron despejar el camino.

Los animales estaban encantados y agradecidos. La ardilla dio un salto de alegría y dijo:

—¡Eres increíble, Dimi! No podemos agradecerte lo suficiente.

Dimi sonrió, sintiéndose muy feliz. Aunque no podía volar muy alto, había encontrado una manera de ser útil y hacer una gran diferencia.

—Solo hice lo que pude —dijo modestamente—. Todos somos parte del bosque y debemos ayudarnos unos a otros.

Desde aquel día, Dimi se convirtió en un héroe en el bosque. Aunque seguía siendo pequeño, su valentía y amabilidad demostraron que el tamaño no siempre importa. Los animales comenzaron a visitarlo con frecuencia, y Dimi siempre estaba dispuesto a ayudar con cualquier problema que pudieran tener.

Un día, mientras Dimi estaba jugando cerca de su cueva, encontró un viejo mapa escondido entre las piedras. El mapa mostraba un camino secreto que llevaba a un lugar en el bosque que nunca había visto antes. Intrigado, Dimi decidió seguir el mapa.

El camino era sinuoso y lleno de sorpresas. Dimi pasó por campos de flores que cambiaban de color y ríos que cantaban melodías suaves. Finalmente, llegó a un lugar mágico: un jardín escondido lleno de flores gigantes y frutas doradas. En el centro del jardín había un gran árbol con ramas que se extendían hasta el cielo.

Dimi se acercó al árbol y vio que había una nota colgando de una de las ramas. La nota decía:

"Querido Dimi, si has encontrado este lugar, es porque tu valentía y bondad han sido reconocidas. Este jardín es un regalo para ti, un lugar donde podrás descansar y disfrutar de tus aventuras."

Dimi estaba emocionado y agradecido. El jardín era hermoso y perfecto para relajarse después de ayudar a los demás. Pasó el día explorando el jardín, comiendo frutas doradas y jugando entre las flores gigantes.

Cuando el sol comenzó a ponerse, Dimi se sintió cansado pero feliz. Se recostó bajo el gran árbol y miró las estrellas que comenzaban a brillar en el cielo.

—Hoy ha sido un día increíble —pensó Dimi—. No necesito volar alto para ser feliz. Solo necesito ser valiente y ayudar a los demás.

A partir de ese día, Dimi pasó mucho tiempo en su nuevo jardín, pero siempre estaba listo para regresar a la cueva y ayudar a los animales del bosque cuando lo necesitaban. Sabía que el verdadero valor no estaba en el tamaño o en los logros, sino en la bondad y en la disposición de ayudar a los demás.

The Little Dragon of the Crystal Cave

In a quiet corner of an enchanted forest, there was a small crystal cave that glowed under the sunlight. Inside the cave lived a little dragon named Dimi. Dimi wasn't like other dragons; he was tiny, with scales of bright colors that looked like precious stones.

Dimi spent his days exploring the cave and playing with the sunbeams that came through the crystals. Although the cave was beautiful, Dimi sometimes felt a bit lonely. He dreamed of flying beyond the forest and seeing the world outside his cave. But every time he tried to fly, his tiny wings weren't strong enough to lift him very high.

One day, while playing with a stone that reflected the sunlight, Dimi heard a strange noise coming from outside. He peeked out of the cave and saw a group of forest animals gathered around a large rock. They looked worried and were whispering to each other.

"What's going on?" wondered Dimi, flying slowly towards them.

"Help! Help!" cried a small squirrel. "A big log has fallen across the path to the pond. We can't go get water!"

Dimi saw the big log blocking the path and understood the problem. Although he was small, he didn't want the forest animals to go thirsty. So he decided he would do everything he could to help.

"Don't worry," Dimi said bravely. "I can help!"

The animals looked at him in surprise. They had never seen such a tiny dragon trying to do something so big.

"But how can you move that log?" asked a deer skeptically.

"I have a plan," said Dimi. "Follow me, and you'll see."

Dimi flew back to his cave and came out with a magical rope made of crystal threads. The rope was very special; it could stretch and become stronger when used with good intentions. Dimi tied the rope around the log and asked the forest animals for help.

Together, they made a great effort to drag the log. Although the log was big and heavy, the magical rope made it easier to move. After much effort, they managed to clear the path.

The animals were delighted and grateful. The squirrel jumped for joy and said:

"You're amazing, Dimi! We can't thank you enough."

Dimi smiled, feeling very happy. Even though he couldn't fly very high, he had found a way to be useful and make a big difference.

"I only did what I could," he said modestly. "We're all part of the forest, and we should help each other."

From that day on, Dimi became a hero in the forest. Although he remained small, his bravery and kindness showed that size doesn't always matter. The animals began to visit him often, and Dimi was always ready to help with any problems they might have.

One day, while Dimi was playing near his cave, he found an old map hidden among the stones. The map showed a secret path leading to a place in the forest he had never seen before. Intrigued, Dimi decided to follow the map.

The path was winding and full of surprises. Dimi passed through fields of flowers that changed color and rivers that sang soft melodies. Finally, he arrived at a magical place: a hidden garden full of giant flowers and golden fruits. In the center of the garden was a large tree with branches extending to the sky.

Dimi approached the tree and saw that there was a note hanging from one of the branches. The note read:

"Dear Dimi, if you've found this place, it's because your bravery and kindness have been recognized. This garden is a gift for you, a place where you can rest and enjoy your adventures."

Dimi was excited and grateful. The garden was beautiful and perfect for relaxing after helping others. He spent the day exploring the garden, eating golden fruits, and playing among the giant flowers.

As the sun began to set, Dimi felt tired but happy. He lay down under the large tree and looked at the stars starting to shine in the sky.

"Today has been an incredible day," Dimi thought. "I don't need to fly high to be happy. I just need to be brave and help others."

From that day on, Dimi spent a lot of time in his new garden, but he was always ready to return to the cave and help the forest animals when they needed him. He knew that true worth wasn't in size or achievements, but in kindness and the willingness to help others.

www.ingramcontent.com/pod-product-compliance
Lightning Source LLC
Chambersburg PA
CBHW052230150726

48002CB00003B/1361